Gefühlswelten

Gedichtband
von
Xandra & Lisa Hejl

Ich wollt dir nur ein Lächeln schenken,
denn du warst so traurig und ohne
Hoffnung als wir uns kennen lernten.
Es soll Freundschaft sein, welche uns
verbindet, denn sie ist das,
was man so selten findet.
Schenke mir nicht dein Herz
auch wenn du dir deiner Gefühle ganz
sicher bist.
Ich möchte nicht, dass es am
Liebesschmerz zerbricht.

Ich sah in deine Augen...
hast du mich vermisst?
Der Schmerz in meinem Herzen
sagte mir, ich liebe dich.
Doch es ist mein Kopf,
der zu mir spricht:
Lieben? Lieben darfst du ihn nicht!
Mein Körper zittert,
meine Stimme erstickt, doch lieben...
Lieben darf ich dich nicht.
In meinen Träumen sehe ich immer wieder
dich, doch lieben, darf ich dich nicht.
Nicht deine Augen, nicht dein Wesen,
niemals wird es eine gemeinsame Liebe
geben.
Es bleibt ein Traum,
ich muss ohne deine Liebe leben!

Mein Herz es  mein Herz es schreit... jemanden zu lieben, war es noch nicht bereit.
Doch dann kam dieser Augenblick...
Ich sah in deine Augen und mein Herz klopfte wie verrückt.
Dieser eine Augenblick sagte mir, dass es Liebe ist.

Ich seh dich an, seh wieder weg...
Keines meiner Worte, keine meiner Tränen,
hält dich für immer fest.
Es ist ein Abschied, dass Schicksal hat
sich gegen uns entschieden...
Es war eine schöne Zeit, doch vom
Zauber der Liebe, ist nichts geblieben!
Es ist aus und vorbei, doch mein Leben
wird nie mehr so wie früher sein.
Du hattest mein Herz für immer bekommen
ohne Rückgabe Schein!

Ich sah Sternenstaub am Himmelszelt.
Doch nie sah ich in die wohl schönsten
Augen dieser Welt!
Dieser Augenblick des Glücks wurde mir
verwehrt.
Ich stand plötzlich an einem Abgrund und
machte ohne dich kehrt.
Oft genug stand ich im Feuerregen.
Doch jetzt erfror mein Herz in diesem.

Mein Herz es schrie verzweifelt:
"nein bitte nicht«.
Doch du hörtest diese Schreie nicht.
Hast nicht wahr genommen,
wie sehr du mich verletzt.
Hast weder Angst
noch Verzweiflung gehört.
Du warst so voller Hass,
es hat dich nicht interessiert.
Ich sah an diesem Tag
der Wahrheit ins Gesicht.
Es war der Tag, an dem du für immer
gegangen bist.

Schau dich nur an...
In der tiefe deines Herzens
kann ich es sehen.
Du bist ein gebrochener Mann.
Doch ich trage nicht
die alleinige Schuld daran.
Du hast vieles dazu beigetragen, nur
wolltest du es niemals selbst wahr haben.

Mit Worten hast du mich verletzt, mein
Herz in tausend Teile zerfetzt.
Ich seh mich an,
die Zeit heilt mein gebrochenes Herz.
Doch was ist mit dir,
was ist mit deinem Schmerz?
Wird auch bei dir die Zeit alle Sünden
heilen?
Werden wir dem Schicksal trotzen und
irgendwann doch zusammen glücklich sein?
Mein Herz spricht
mit bekannten Worten zu mir.
Egal was passierte, es zog mich immer
wieder zurück zu dir.
Doch die einzig wahre Liebe
findet man nur einmal im Leben!
Ich habe mich selbst belogen,
denn du bist es nicht gewesen.

*Die Nacht ruft deinen Namen und trägt
meine Träume zu dir.
Doch diese Nacht ist wie jede andere,
du bist nicht hier.
Die Sehnsucht hält sich an den Sternen
fest, doch mein Herz weiß,
dass es vergebens ist.
Du bist nicht hier
und wirst es niemals sein.
Unsere Liebe eine Illusion?
Ich war selbst mit dir allein.*

Ich versank in deinen Augen,
wie in einem Meer,
doch es war keine Liebe
und ich merkte es erst als ich erfror!
Alles nur Worte, die Liebe nur eine
Ilusion, mehr nicht.
Hast mir das Paradies auf Erden
versprochen, doch du dachtest nur an dich.
Im Herzen so eisig kalt,
du bist ein Egoist!

Bald ist sie vorbei,
die stille und einsame Nacht.
Schon bald ist es ein neuer Tag,
an dem ich ohne dich erwach.
Noch schläft die Sonne, die Nacht so
dunkel und still.
Nur einmal dich sehen und berühren,
das ist das was ich will.

Ich schau dich an, seh in dein Gesicht.
Möchte dich so gern umarmen,
weil ich weiß das du sehr traurig bist.
Dein süßes Lächeln, ich vermisse es.
Doch wer kann schon lächeln,
wenn sein Herz zerrissen ist.
Meine Augen streicheln deine Seele,
meine Lippen küssen dein Herz.
Wir müssen beide kämpfen,
gegen den ewig bleibenden Schmerz.

Ein Traum war es mit dir auf einer
Blumenwiese spazieren zu gehen.
Ein Traum ist es mit dir unter dem
Regenbogen zu stehen.
Ein Traum bleibt es, mit dir durch den
warmen Sommerregen zu gehen.
Es sind alles Träume,
welche mich begleiten.
Ich kann es nicht verstehen, werden all
diese Träume niemals in Erfüllung gehen?
Nie werde ich das Schicksal begreifen,
ich kann es nicht verstehen.
Ewiger Schmerz wird uns begleiten und
niemand wird unsere Tränen sehen.

Langsam versinkt die Sonne am Horizont
und ich warte schon jetzt darauf
dass der nächste Morgen kommt.
Jede Nacht so einsam und still, meine
Gedanken an dich halten mich wach,
selbst wenn ich schlafen will.
Ich kann es nicht glauben,
was mit uns geschieht.
Ich will und kann es nicht verstehen,
dass dich das Schicksal mir entreißen will.

Manchmal verdunkelt sich der Horizont und
alles ist nur noch grau und leer.
Kein Licht zu sehen... ich kann nicht mehr.
Doch was wäre das Leben ohne dich?
Ich kann nicht sagen, dass wenn du gehst,
kommt mein altes Leben zurück.
Das kommt nie mehr wieder, weil ob mit dir
oder ohne dich, alles anders ist.

Meine Gefühlswelt steht Kopf.
Ich weiß nicht wohin damit.
Warum verdammt, warum lieb ich dich?
Warum treffen deine Blicke mich?
Ich wüsste gern, ob du so fühlst wie ich.
Ich muss verbergen, was ich fühle.
Kann dir nicht sagen, das ich dich liebe!

Sieh mich an. Sieh nicht weg.
Sieh in meine Augen, sieh was sich dahinter versteckt.
Warum bist du nicht mein Sonnenschein?
Warum kannst du nicht mein Engel sein?
Würd' so gern wissen ob deine Augen mit meinen sprechen.
Möchte deine Gedanken lesen und mein Schweigen brechen!
Warum, verdammt ausgerechnet ich?
Du siehst und spürst es nicht, denn nur ich allein weiß, ich liebe dich!

Ich habe dir geglaubt.
Habe dir blind vertraut.
Doch du hast mit meinen Träumen ein
Luftschloss auf Sand gebaut.
Merkst du nicht, was du mir bedeutest,
spürst du es nicht?
Du bist so viel mehr,
bist wie das Licht für mich.
Ein Schmetterling im Zaubergarten
meines Herzens.
Dann wirst du begreifen,
ich liebe dich!

Gedanklich immer da.
So fern und doch so nah.
Wie eine Feder streichelt mein
Gedanke deine Sinne,
berührt endlos sanft dein Herz.
Lass Ängste und Sorgen entfliehen, es
gibt schöneres als ewigen Schmerz.

Ich wär so gern frei,
hätt liebend gern mein Herz zurück.
Doch ein zerrissenes Herz,
dass nützt mir nichts.
Kann es keinem mehr schenken,
werde ein Leben lang
nur an den einen denken.
Wie konnt ich mich nur in dich verlieben.
Ich wusste von Anfang an,
ich werde wieder verlieren.

Ist es das rauschen des Meeres oder ist es der Wind.
Sei ganz still und hör genau hin.
Es ist ein Engel, der dir eine Botschaft bringt.
Eine Botschaft, die von meinem Herzen kommt, sie ist nur für dich.
Der Engel, der dir diese bringt soll dir sagen, ich liebe und vermisse dich.

Du bist meine Sonne am Tag.
Bist mein Stern in der Nacht.
Du bist mein Engel,
den ich meinem Herzen trag.
Du bist mir so wichtig,
du bist alles für mich.
Glaube meinen Worten,
wenn ich sag, ich liebe dich!

Wenn ich dir das erste Mal gegenüber steh.
Ich dir zum ersten Mal in deine
wundervollen Augen seh.
Wenn du mich das erste Mal in deine Arme
nimmst und mich zärtlich küsst.
Wird mein Herz zerspringen,
vor lauter Glück.
Ich liebe dich so unendlich sehr,
für mich gibt es kein Zurück.

Ich sehne mich so sehr nach dir.
All in deinen Augen versinken,
wie in einem Meer.
Dich liebevoll küssen
als gäbe es nichts anderes mehr.
In deinen Armen liegen und dich spüren,
dich einfach sanft und zärtlich berühren.
Die Sehnsucht nach dir, sie schreit in mir.
Ich sehne mich so sehr nach dir!

Hörst du die Schreie
in der dunklen Nacht?
Hörst du die Schreie am helllichten Tag?
Sag mir kannst du diese Schreie hören?
Weißt du wer da so laut schreit?
Es ist mein Herz, es schreit nach dir!
Es schreit so laut, das, das Blut in den
Adern gefriert!
Sag mir nicht, du hörst es nicht.
Denn dein Herz schreit wie meines, ich
liebe und vermisse dich!

An dem Tag an dem du mir sagst,
das ich dich vergessen soll,
wird für mich die Welt unter gehen.
An dem Tag wird der Himmel weinen und
mein Herz es zerbricht.
Denn vergessen, vergessen kann ich dich
nicht.

Nur einmal in deine Augen sehen.
Nur einmal, dich in meine Arme nehmen.
Nur einmal deine Haut berühren,
nur einmal deinen Atem spüren.
Nur einmal deine süßen Lippen küssen
und dich nie wieder gehen lassen müssen.

Es ist Liebe wenn man traurig ist.
Es ist Liebe, wenn man den,
den man liebt vermisst.
Es ist Liebe, wenn der Schmerz
unerträglich wird.
Glaube meinen Worten
und vertraue deinem Herz.
Auch wenn es dich schmerzt,
die Liebe beherrscht unser Herz!

Du warst die Erlösung.
Erlösung aus der Einsamkeit.
Deine Worte so bezaubernd,
sprachst von der Ewigkeit!
Du hast mir das Paradies
auf Erden versprochen.
Doch jedes einzelne Versprechen
hast du gebrochen!
Es waren alles Worte für dich.
Worte über Liebe und Vertrauen.
Ich ahnte nicht, dass es der Anfang
vom Ende ist.

Kennst du die Angst,
welche von mir Besitz ergreift?
Kennst du die Angst,
zu verlieren, was man liebt?
Kennst du die Angst nach jedem Streit?
Kennst du die Angst vor dem Satz,
es ist aus und vorbei?
Du kennst sie, diese Angst, welche ich mein.
Du weißt was es heißt, allein zu sein.
Du weißt was es heißt, den Menschen zu
verlieren, welchen man so sehr liebt.
Du kennst wie ich das Gefühl,
wenn man verliert!

Manchmal könnt ich die ganze
Welt umarmen,
doch umarmen möchte ich nur dich!
Manchmal möchte ich weinen vor Glück,
doch ich weine nur, wenn ich dich vermiss.
Manchmal möchte ich vor Wut schreien,
weil du stur und egoistisch bist.
Und manchmal glaube ich
dich zu enttäuschen,
obwohl du doch mein Leben bist.

Wie das Glitzern eines See's
im Sonnenlicht,
glänzen deine Augen,
wenn du denkst an mich.
In meinen Augen leuchten die Sterne,
denn du gibst mir all deine
Liebe und Wärme.
Dein Herz, es schlägt nur noch für mich
und ich weiß
das unsere Liebe unsterblich ist.

Schau ein Engel kommt zu dir geflogen.
Ich hab ihn dir gesandt.
Er soll dir sagen, das ich dich liebe,
hält jetzt deine Hand.
Schick ihn nicht zurück,
denn er kommt von mir.
Behalt ihn immer in deinem Herzen,
denn er gehört ab diesem Augenblick,
nur dir!

Nicht ein Tag vergeht
ohne Gedanken an dich.
Jeden Tag möchte ich dir sagen,
ich liebe dich.
Jeden Tag sage ich dir,
wie sehr ich dich vermiss!
Jeden Tag möchte ich dir sagen,
wie wichtig du für mich bist.
Jeden Tag möchte ich mit dir verbringen,
bis das Leben irgendwann zu Ende ist.

Ich zähl die Tage und zähl die Stunden,
bist du zu mir kommst und nie mehr gehst.
Ich heile deine Sünden, wenn du in meinen
Armen liegst.
Küsse dich zärtlich, streichle dich sanft
und der Schmerz verschwindet wie von
Zauberhand.

Die Sehnsucht nach dir,
ist das was so sehr schmerzt.
Einsamkeit zu spüren,
zerreißt mir das Herz.
Denk den ganzen Tag an dich,
will dir so oft sagen: Ich liebe Dich!
Möchte dir dabei in deine wundervollen
Augen sehen.
Jetzt bei dir zu sein, wäre einfach schön.

Wirf den Engel in deinem Herzen
einfach hinaus.
Denn er ist das letzte
was du jetzt von mir brauchst.
Er würde nur deine Hand halten
und dir im Gedanken weh tun.
Aber schick ihn nicht zurück zu mir,
denn ich brauche ihn nicht.
Ich brauche keinen Engel der sein
Versprechen bricht.

Letzte Nacht hab ich geträumt von dir.
Hab geträumt ich bekomme
einen Kuss von dir.
Geträumt du nimmst mich in deine Arme.
Hab geträumt du wärst ganz nah bei mir.
Ich wurde wach, es war nur ein schöner
Traum, denn du bist nicht hier bei mir!

Seh ich dich im Träume vor mir stehen.
Will im selben zu dir gehen.
Nur einmal deine Haut berühren.
Nur einmal deinen Atem spüren.
Einmal das leuchten deiner Augen sehen.
Es ist ein Traum, so wunderschön.
Wird er wahr, lass ich dich nie mehr gehen!

Wenn die Sonne feuerrot im Meer versinkt.
Der Tag vergangen und die Nacht beginnt.
Die Einsamkeit einfach kein Ende nimmt.
Dann spüre ich, wie sehr die Sehnsucht
doch schmerzt.
Ohne dich zu sein, zerreißt mir das Herz!

Nicht der Mensch
ändert sich
mit der Zeit,
sondern
die Zeit ändert
den Menschen!

Der Tag neigt sich dem Ende.
Die Sonne versinkt im Meer.
Und ich möchte in deinen Augen versinken,
als gäbe es nichts anderes mehr.
Möchte für einen Moment alles um mich
herum vergessen und Dich nur noch endlos
zärtlich küssen.
In deinen Armen liegen und dich sanft
berühren.
Und das klopfen deines Herzen spüren.

Hand in Hand mit dir durch
die Straßen gehen.
Es war ein Traum so wunderschön.
Du hast zu mir gesagt,
du machst mir diesen Traum wahr.
Weißt du noch, das war am ersten Tag.
Viele Tage sind seitdem vergangen und wir
sind noch immer nicht Hand in Hand durch
die Straßen gegangen!
Doch vielleicht wird es eines Tages
geschehen und dieser Traum wird doch noch
in Erfüllung gehen!

Eine Träne heimlich, still und leise, geht auf eine kurze Reise.
Bahnt sich ihren Weg über mein Gesicht und fällt zu Boden, wo sie zerbricht.
Niemals möchte ich unsere Herzen so zerbrechen sehen.
Unsere Liebe ist etwas besonderes und wunderschön.

Bist du der Nachtwind, der von dir erzählt
oder bist du der Regen,
der sanft meine Haut berührt?
Bist du der Sonnenstrahl, der mich zärtlich
küsst oder der Engel,
der mich nie mehr alleine lässt?
Du bist ein Engel der Sonne, der mein
Herz schneller schlagen lässt und in einer
stürmischen Regennacht,
das ewige Feuer der Liebe entfacht.

Mit jeder Träne,
die in deinen Augen geboren,
fühlst du dich allein und verloren.
Jeder Träne, die du geweint hast
aus Schmerz,
jede deiner Tränen zerriss mir das Herz.
Jede Träne, welche du geweint hast
aus Einsamkeit,
zeigte mir deine endlose Traurigkeit.
Jede Träne, die zu Boden gefallen ist,
hast du geweint, weil du mich vermisst!

Jede Berührung so endlos sanft...
Jeder Kuss so liebevoll
und zärtlich geküsst.
Möchte das es dich für einen Moment,
den Schmerz der Einsamkeit
vergessen lässt.

Ein Tränenmeer wird zum Ozean,
wenn ich traurig bin.
Ein Rosenstrauß wird zum Zaubergarten,
wenn wir zusammen sind.
Unsere Liebe ein Feuersturm,
der in unseren Herzen brennt.
Doch das Schicksal für uns kein
Erbarmen kennt.

Mein Herz es schlägt in deiner Brust,
ich gab es dir noch vor dem ersten Kuss.
Wohl behütet durch unsere Liebe,
beschützt von einem Engel,
damit es nicht zerbricht.
Mein Herz ist für immer dein,
denn ich liebe dich!

Tränen aus denen die Meere sind.
Liebe die aus dem Nichts entspringt.
Träume, manchmal wie Seifenblasen sind.
Sehnsucht brennt sich tief in das Herz.
Immer größer wird der Liebesschmerz.

Unzählige Tränen hab ich vergossen.
Immer wieder sind sie mir
in die Augen geschossen.
Immer wieder gab es Momente,
da fühlte ich mich völlig allein.
Denn du und ich können nur
im Gedanken zusammen sein.

Du bist gegangen
ohne ein Auf Wiedersehen.
Mein Herz es blieb für Sekunden stehen.
Dein letzter Kuss, noch immer süß auf
meinen Lippen schmeckt.
Doch es ist eine unheilbare Sünde,
welche du hinterlässt.
Denn jede Erinnerung an dich,
hält sich in meinem Herzen fest.

Ich lass meine Gedanken ziehen.
Lass dich los, lass dich gehen!
Du bist wie ein schöner Schmetterling
den man nicht halten kann.
Alles hat wohl mal ein Ende... irgendwann!
Lebe dein Leben, lebe es ohne mich.
Mach dir keine Gedanken,
Engel sterben nicht!

War das was ich fühlte, wahre Liebe
oder war es nur ein Trugschluss
meiner Sinne.
Alles was jemals begann,
endete doch mit einem Unterhang!
Keine Kraft mehr zu kämpfen,
keine Kraft mehr zu lieben?
Es ist als wäre die Zeit
für immer stehen geblieben.
Du bist weg, doch ich weiß, dein Herz
schlägt noch immer für mich.
Nur das Schicksal, das Schicksal
wollte es nicht!

Schon einmal hab ich etwas für dich
empfunden, von dem ich dachte
das es Liebe ist.
Doch ich liebte nur deine Augen,
liebte nicht wirklich dich.
Heute ist es anders und es schmerzt mich
der Gedanke, jeden Augenblick so hin zu
nehmen als wäre nichts.
Denn wir sind Freunde und ich kann nicht
einfach zu dir gehen
und sagen: Hey ich liebe dich.

Dein Engel, verlor seine Flügel,
in einer stürmischen Nacht.
Deine Rose, verlor ihren Glanz
am Tag danach.
Dein dich liebendes Herz,
am Streit fast zerbrach.
Die Liebe deines Lebens,
wusste nicht wie ihr geschah.
Fast wäre sie in ihren Tränen erstickt.
Und im Dunkel der Nacht,
erlosch für einen Moment das ewige Licht.
Doch ich kann verzeihen,
denn ich liebe dich!

Sag mir wann
werden wir uns gegenüber stehen?
Sag mir wann
werden wir uns in die Augen sehen?
Sag mir wann ist die Zeit gekommen?
Dann werde ich von dir
in den Arm genommen?
Sag mir wann
ist die Zeit des Wartens vorbei?
Dann wirst du für immer bei mir sein?

Und wenn es mir das Herz
in tausend Teile zerfetzt, Ich liebe dich.
Wenn es am seidenen Faden hängt, in die
tiefe fällt und am Boden wie Glas
zerbricht, Ich liebe dich.
Und wenn ich einmal an einem Abgrund
steh und glaube das der nächste Schritt
der letzte ist, Ich liebe dich.
Wenn sich die Welt nicht mehr dreht und
einfach für immer unter geht.
Verdammt noch mal dann liebe ich dich
immer noch.
Weil du in meinem Herzen bist und dort
für immer bleiben wirst.

Denke nicht nach und vergieße keine
Tränen, so ist das Leben.
Die Liebe kommt die Liebe geht.
Sie lässt sich nicht halten,
geht immer ihren eigenen Weg.
Ich gehöre nicht dir und das ist das
was du nicht verstehst.
Es tut mir leid aber ich begriff
es ist an der Zeit das ich geh.

Du bist die Sonne
die in meinem Herzen scheint.
Du allein bist der Grund,
warum dein Engel manchmal weint.
Ein Licht das du in deinen Träumen siehst.
Ist dein Engel der dich über alles liebt.
Ein Stern ist niemals
allein am Himmelszelt.
Ich liebe dich über alles auf dieser Welt!

Ich wusste nicht wie mir geschah.
Deine Worte waren wie ein Feuerregen,
der aus der Hölle kam.
Dieser Feuerregen hat mein Herz jedoch nicht
entflammt, nein dieser Feuerregen ließ mein
Herz erfrieren, verdammt.
Du hattest es geschafft, in kürzester Zeit
mein Herz mit Worten so zu zerfetzen,
das ich am Ende war.
Ich sah mein Herz zerbrechen,
sah wie es am Boden lag.
Du hast all das Leid nicht gesehen,
keine meiner Tränen wolltest du verstehen.
Du hast mir das Herz aus der Brust gerissen,
hast mein Herz mit Füßen getreten,
als es bereits am Boden lag.
Du hast keinerlei Rücksicht genommen,
hast nicht gemerkt wie weh es tat.
Keines meiner Worte hat dich berührt.
Hast in meinen Worten weder meine Angst
noch meine Verzweiflung gehört.
Es hat dich einfach nicht interessiert!

Einmal an nichts denken.
Nichts hören, nichts sehen,
nur den Augenblick genießen
und deine Liebe fühlen.
Einmal mit dir träumen,
vergessen die Momente der
Hoffnungslosigkeit,
vergessen die Tränen, welche wir in
Einsamkeit geweint.
Nie mehr daran denken,
wie gnadenlos die Zeit manchmal war.
Einfach nur mit dir zusammen sein
und die Liebe genießen,
das wäre wunderbar.

Momente voller Liebe und Glück,
ich wünsch sie mir so sehr zurück.
Nichts ist mehr so, wie es einmal war.
Alles hat sich verändert,
das wird mir immer mehr klar.
Keinen hab ich jemals
so sehr geliebt wie dich,
keinen kann ich jemals wieder so sehr
lieben, weil du die Liebe
meines Lebens bist.
Doch du hast dich entschieden
für ein Leben ohne mich.
Keine Chance, weil alles hoffnungslos ist.

Kein Mensch versteht,
warum ich nicht einfach geh.
Kein Mensch begreift,
warum ich zu dir steh.
Kein Mensch weiß was uns verbindet.
Kennt denn keiner das Gefühl,
wenn man vor Liebe blind ist?
Ist es denn so schwer zu verstehen?
Man kann doch nicht aus Liebe gehen.
Kein Mensch sah die Tränen,
welche ich weinte.
Kein Mensch konnte begreifen,
dass ich aus Liebe zu dir leide.
Kein Mensch kann so sein wie ich.
Egal was all die Menschen sagen,
ich liebe dich!

Es war wie ein Märchen als alles begann.
Du wolltest mich auf Händen tragen,
ein Leben lang.
Ich vertraute deinen Worten,
glaubte dir was du versprachst.
Doch all das waren eben nur Worte,
nichts davon war wahr.

*Verurteile mich für meine Fehler
aber hasse mich nicht dafür.
Ich habe Fehler gemacht
und bereue so manchen sehr.
Vielleicht war ich mit dir der glücklichste
Mensch auf Erden.
Vielleicht werde ich es ohne dich
nie mehr werden.
Doch der Sinn des Lebens ist wohl der,
in jeder Hinsicht niemals aufzugeben.
Nur wer an sich glaubt,
kann seine Träume auch erleben,*

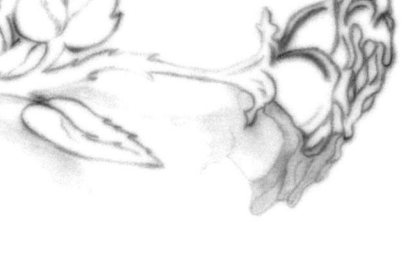

Irgendwann wird der Moment kommen,
in dem die Gewissheit anfängt
zu schmerzen.
Doch mein Herz, es spricht: "Auch wenn
der Schmerz unerträglich wird
vergiss ihn nicht.
Kein Mensch kann von dir verlangen, das
du ihn vergisst.
Niemand kann von dir verlangen, etwas zu
tun, was du nicht willst.
Niemand kann dich zu etwas zwingen, was
sein Gewissen stillt.
Auslöschen kann man vieles, doch
Erinnerungen sind das was bleibt.
Und manche Erinnerungen sind für die
Ewigkeit«.

Wenn mir die Zeit sowohl mit Dir als auch ohne Dich, wie eine Ewigkeit vor kommt. Was ist dann die Ewigkeit?

Ich werde nie begreifen, warum es so ist.
Nie verstehen, warum du gegangen bist.
Ein Abschied für immer
obwohl wir uns lieben.
Die Zeit steht still, das Schicksal hat uns
auseinander getrieben.
Keine Tränen bringen dich zurück,
was bleibt sind Erinnerungen
vom kurzen Glück.
Lebe wohl, mein liebster Schatz.
Auch wenn du gehst, gehört dir mein Herz.

Und wieder hast du mich verletzt.
Meine Gefühle mit Füßen getreten und mein Herz mit Worten zerfetzt.
Eiskalt waren deine Worte, jedes einzelne ohne jegliches Gefühl.
Du hörtest nicht meine Angst und Verzweiflung, weil du es nicht hören willst.

Warum nur, warum ich?
Warum bin ich die, deren Herz du brichst.
Warum bist du so eiskalt zu mir?
Warum hast du kein Verständnis für mich?
Warum kannst du nicht warten, so wie ich?
Nein, du musst mein Herz zerfetzen,
weil du selbst am Ende
und Verzweifelt bist.
Was ich fühle und denke,
interessiert dich nicht.
Es ist dir egal ob und wie sehr ich dich
liebe, denn du bist ein Egoist!

Du solltest mir nicht den Himmel auf
Erden versprechen,
denn das kannst du nicht.
Verspreche nie etwas,
was der Wahrheit nicht entspricht.
Es tut nur weh,
wenn du dein Versprechen brichst.
Sage niemals Worte, die du so nicht
meintest.
Denn du sahst es nicht, wie bitterlich mein
Herz bei jedem Wort weinte.
Öffne deine Augen,
sei mal hier und sieh in mein Herz.
Wenn du mich wirklich so sehr liebst,
siehst du wie sehr jede deiner Lügen mich
schmerzt!

Missbrauche nie das Vertrauen anderer.
Behandle jeden Menschen mit Respekt!
Akzeptiere, auch wenn es dich verletzt.
Leben deine Träume, glaube daran, habe
Hoffnung und gib niemals auf.
Denn das ist der Sinn des Lebens, das
was du zum Leben brauchst!

Unsichtbare Macht.
Immer da, doch nie zu sehen.
Unsichtbar. Man kann's nicht spüren
und doch immer wieder fühlen.
Wenn Ungewissheit zur Gewissheit wird,
die Sehnsucht einen innerlich zerreißt
und Tränen fließen, weil man weiß,
die Liebe hat einen sehr hohen Preis.
Gewinnt man und verliert in einem
Augenblick, weil man liebt und hofft die
Einsamkeit kehrt nie zurück!

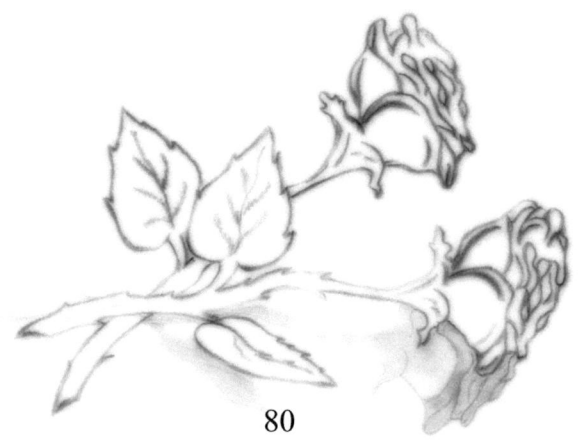

Traurig dein Engel in die Ferne blickt.
Traurig, du kommst nie mehr zurück.
Das Licht der Hoffnung am Horizont
immer schwächer wird.
Traurig, weil alles vergebens ist.
Traurig lässt dein Engel sich fallen.
Hatte er denn nicht längst verloren?
Verloren, sein Lächeln, die Hoffnung und
seinen Glauben.
Verloren, was er hat geliebt.
Ohne dich alles keinen Sinn mehr ergibt.
Alles ist so gähnend leer. Ohne dich, will
dein Engel nicht mehr.

Es ist still. Kein Leben mehr da,
wo vorher noch Leben war.
Es ist aus, weil du meiner Liebe nicht
vertraust.
Aus, weil du meine Liebe nicht brauchst.
Aus und vorbei, der Liebesschmerz, eines
der wenigen Dinge, was noch bleibt.
Eiskalt hast du mich fallen lassen, jedes
Wort ohne jegliches Gefühl.
Keinerlei Emotionen, obwohl ich weiß, dass
du mich liebst.
Alles verloren in nur einem Augenblick.
Es tut weh, denn du kommst nie mehr
zurück.

Nimmst du mir meine Träume und all meine Hoffnung, so nimmst du mir mein Leben.
Nur wer Hoffnung hat und an seine Träume glaubt, kennt den Sinn des Lebens.
Wer die Träume und Hoffnungen anderer zerstört, hat zu leben aufgehört.
Zerstöre nicht was du zum Leben brauchst. Zerstöre nicht das Glück.
Denn das was du zerstörst, kommt so nie mehr zurück!

Endlos viele Tränen, du siehst sie nicht.
Tränen wie ein Sommerregen,
du verstehst sie nicht.
Tränen die in meinen Augen geboren...
Sie sind am Ende ihres Weges
hoffnungslos verloren.

Gefühle drehen sich im Kreis,
wie ein Karussell.
Erst ganz langsam und jetzt so schnell.
Eine Achterbahnfahrt, ich könnte schreien.
Meine Gefühle für dich, sie bleiben geheim.
Ich kann dir nicht sagen,
das ich dich liebe.
Ich darf es nicht, trotz meiner Gefühle.

Mein Herz klopft bei dem Gedanken daran.
Dabei war deine Berührung
nur Sekunden lang.
Es war doch nur ein winzig kleiner
Augenblick,
ein Gefühl das unbeschreiblich ist und viel
zu schnell kam die Gegenwart zurück.
Wie ein Blitz durchfuhr es mich für ein
paar Sekunden, doch mir war als wären es
Stunden.

Ich möchte ein Engel sein, meine Flügel
ausbreiten und dem hier und jetzt
entfliehen.
Doch da ist der Gedanke an dich, kann
mich deinem Wesen nicht entziehen.

Bemüh dich nicht, lass es bleiben.
Ich ahnte schon damals,
die Zeit würde es mir zeigen.
Irgendwann hab ich dich aus meinem
Herzen verbannt und glaube mir,
es dauerte seine Zeit,
bis ich den Weg zurück zu mir fand.
Ich habe es mir selbst nicht leicht gemacht,
denn das ich dich liebte, ist das
was du nie erfahren hast.
Nicht einen Moment mit dir habe ich jemals
bereut auch wenn ich jetzt weiß,
das war es nicht wert.
Unsere Freundschaft sollte
für die Ewigkeit bleiben.
Was sie dir wert ist,
wird die Zukunft mir zeigen!

Nimm meine Hand und halte sie ganz fest.
Nimm mich in deine Arme, will wissen,
dass es überstanden ist.
Lass mich bitte nie mehr los,
lass mich nicht allein.
Mit dir bin ich glücklich,
mit dir will ich zusammen sein.

Sollte nie traurig sein
und wollte nie das du es bist.
Liege nachts wach und denke an dich.
Denk an dich und
danke Gott dass es dich gibt.
Danke dir, für deine Liebe,
welche du mir gibst.

Will dir sagen, wie sehr ich dich liebe.
Dir sagen, wie sehr ich dich vermiss.
Will dir sagen, wie wichtig du für mich geworden bist.
Kann es dir einfach nicht oft genug sagen...
Was auch immer passiert, Ich liebe Dich!

Wenn nur ein paar Tränen fließen,
wünscht ich mir du küsst sie einfach weg.
Doch wenn ich in einem Tränenmeer
ertrinke und drohe darin unterzugehen,
dann hab ich Angst, deine rettende Hand
jemals wieder zu sehen.

Wenn dein Engel,
traurig aus dem Fenster blickt.
Eine Rose ohne Wasser,
ihr Köpfchen knickt.
Die Liebe deines Lebens
in Tränen erstickt,
dein Herz traurig an der Einsamkeit
zerbricht und das Licht der Hoffnung im
Dunkel der Nacht erlischt.
Dann ist es der Schmerz der über die
Sehnsucht siegt.

Wenn dein Engel Flügel hätt,
wäre er längst bei dir.
Doch Flügel hat er leider nicht,
denn ich bin immer noch hier.
Nur der Gedanke bleibt uns, bleibt mir.
Der Gedanke an dich... es ist nur ein
Gedanke, doch in diesem berühre ich dich!

Alles was uns einmal verbunden hat, ist
bedeutungslos geworden.
Es ist als wäre ein Teil von mir gestorben.
Jeder Kuss, jede Berührung
ohne jegliches Gefühl,
es ist schon seltsam,
wenn man plötzlich so etwas fühlt.
Die Erkenntnis dass du meine Gefühle nie
verstanden hast, kam in nur einem
Augenblick und war ein Moment, der mich
an nichts mehr zweifeln lässt.

Was ist nur mit mir passiert?
Was hast du mit mir gemacht?
Das Gefühl, meine Liebe,
kam einfach so, über Nacht.
Doch mit ihr kam auch die Angst.
Angst dass es mir mein Herz zerbricht,
wenn du irgendwann gehst und mir sagst,
ich liebe dich nicht!
Liebe ist für mich nicht nur ein Wort.
Liebe ist für mich, mehr als das, ein Gefühl
der wundervollsten Art.
Liebe ist, was ich für dich empfinde.
Liebe ist, was uns verbindet!

Mir ist als würde ich auf Wolken schweben
und glaube manchmal die Hand eines
Engels zu spüren.
Ernüchternd ist die Wahrheit, alles nur ein
Trugschluss meiner Sinne, denn es ist nur
der Wind, der meine Haut berührte.

Du nimmst mir die Luft zum atmen,
raubst mir meinen Verstand.
Und ich lege mein Herz behutsam
in deine Hand.
Du bist und bleibst für mich der
wundervollste Mensch auf Erden.
Nur mit dir möchte ich glücklich werden.

Ich bin dein Engel
und möchte es für immer sein.
Ich bin dein Schatz
und lass dich nie mehr allein.
Ich bin dein seit dem ersten Augenblick
und hoffe die Einsamkeit kehrt nie zurück.
Ich bin dein, weil du alles für mich bist.
Dein, bis unsere Zeit abgelaufen ist.

Bitte, bitte weine nicht.
Ich wollte nicht dass dein Herz zerbricht.
Deine Tränen zu sehen, tat schon weh.
Auch wenn ich diese Tränen,
bis jetzt nicht versteh.
Ich wollte sie nicht verstehen
und wünscht ich hätte sie niemals gesehen.

Ich habe das Gefühl, mein Herz stirbt mit
jedem Gedanken an dich.
Bin traurig und Tränen rinnen
über mein Gesicht.
Kann nicht vergessen, keinen einzigen
Augenblick.
Du bist in meinem Herzen,
doch du kommst nie mehr zurück.

Ich wollt nie freiwillig
aus deinem Leben gehen.
Denn ohne dich, wäre das Leben
nur noch halb so schön.
Niemals wollte ich dich verlassen.
Weil ich dachte, ohne dich
würde meine Welt verblassen.
Du warst meine Welt,
warst so wichtig für mein Leben.
Ich dachte, ich könnte dich ewig lieben.
Doch du hast gelogen und es sind nur
Erinnerungen geblieben.

Du sagtest zu mir, ich liebe dich.
Sagtest zu mir, ich brauche dich.
Du sagtest zu mir, ich verlass dich nicht.
Sagtest zu mir, ich vertraue
und ich glaube dir.
Du hast es immer wieder zu mir gesagt und
ich ahnte nicht, dass das gelogen ist.
Deine Liebe war eine Lüge und ich dachte
das du mein Schicksal bist.

Du sagtest mal, ich soll aufhören
dich zu lieben.
Doch das kann ich nicht.
Ich sollte dich vergessen,
doch so einfach ist das nicht.
Man kann Gefühle nicht abschalten.
Kann das was man liebt
nicht einfach vergessen.
So einfach ist das nicht.
Denn den Menschen den man einmal liebte,
vergisst man nicht!

Möchte dich so gern in meine Arme
schließen und diesen Augenblick,
grenzenlos genießen.
In deine wundervollen Augen
möchte ich dir sehen.
Sie sind so bezaubernd schön.
Auf deine zuckersüßen Lippen möchte ich
dich küssen und dich nie mehr missen
müssen.

Es ist egal, dass er dich verwirrt.
Es ist egal, dass er dein Herz
zum klopfen bringt.
Es ist egal, dass du wohl
mehr empfindest, als du dachtest.
Es ist egal, dass du dich
in ihn verliebt hast.
Es ist egal, dass er dir
immer wieder in die Augen sieht.
Und es ist egal, dass er dich
doch nicht liebt.
Es ist egal für ihn, egal für dich.
Es ist nur nicht egal, dass für einen von
beiden, dieses EGAL eine Lüge ist!

Manchmal habe ich das Gefühl, das die
Zeit einfach stehen bleibt.
Doch die Zeit steht niemals still.
die Zeit sie bleibt niemals stehen.
Sie läuft mit uns, läuft gegen uns,
doch bedenke sie steht niemals still.
Die Zeit kann man mit nichts aufhalten,
selbst wenn man es will.

Wie oft dachte ich, es geht nicht mehr.
Doch von irgendwo kam immer neue
Hoffnung her.
Schon oft habe ich gedacht, mein Herz
zerbricht an der Einsamkeit.
Doch immer wieder,
war ich zu kämpfen bereit.
Schon oft habe ich gedacht,
ich bin in meinem Denken Egoist.
Doch selbst wenn ich es bin...
Ich liebe Dich!

Hab mich in den Schlaf geweint,
weil ich dich vermiss.
Bin aus meinen Träumen aufgewacht,
ohne dich.
Brauche deine Nähe,
brauche deine Wärme, deine Liebe,
brauche einfach nur dich.
Ohne alledem erfriere ich.

Sehnsuchtsvoll und dennoch traurig
ist mein Blick.
Denke ich an dich,
spielen meine Sinne verrückt.
Du hast mir vor langer Zeit mein
wertvolles Herz geklaut.
Hast mir irgendwann mit deiner Liebe
den Verstand geraubt.
Schmerzhaft ist es dich zu vermissen.
So schwer die Zeit für dich und mich.
Doch sollst du niemals vergessen, ich liebe
nur dich.

Als du fort gingst,
brach mein Herz entzwei,
denn du kehrtest nie um.
So plötzlich alles still,
die Stimme des Schicksals verstummt.
Nichts ist für ewig, so sehr es auch scheint.
Du bist für immer gegangen
und sahst nicht die Tränen, welche dein
Engel geweint.

Als du fort gingst,
wurde es kalt um mich herum,
denn nicht einmal drehtest du dich um.
Damals konnte ich es nicht verstehen,
heute weiß ich warum.
Nie hast du gesehen, wie viel Leid ich
ertrug, wolltest es nicht sehen.
Was ich für dich tat war niemals genug.
Nichts ist unendlich, so sieh das doch ein.
Als du gegangen bist, dachte ich, ich
könnte nie mehr glücklich sein!

Du hast mich in deinen Bann gezogen,
doch ich muss weg, weg von dir.
Meine Gefühle waren nicht gelogen,
doch ich könnte es nicht ertragen,
wenn mein Herz noch einmal erfriert.
Ich schließe meine Gefühle ein,
versuche zu verdrängen,
den Gedanken an dich.
So sehr es mich auch schmerzen mag,
du brauchst meine Liebe nicht!

Ich spüre wie ich anfange
dich zu vermissen.
Noch tut es nicht weh.
Ich trage so manches deiner Worte im
Herzen, ich kann nicht einfach gehen.
Ich versuche zu verstehen,
das du nicht so fühlst wie ich.
Du weißt wie ich,
das man gegen Gefühle machtlos ist.
Ich kann nichts vergessen,
keinen Augenblick.
Ich verdränge nur den Gedanken,
den Gedanken an dich.

Lerne zu verstehen,
lerne zu schweigen.
Manchmal ist es besser,
keine Gefühle zu zeigen.
Lerne zu akzeptieren
und lerne zu vergeben.
Niemand ist Perfekt
und das was du lernst,
lernst du für 's Leben.

Ich reichte dir meine Hand,
du hast sie los gelassen.
Ich schenkte dir mein Herz,
du hast es fallen lassen.
Ich dachte nur mit dir könnte ich für
immer glücklich sein.
Doch deine Liebe war nichts als ein
trügerischer Schein.
Ich hab gelacht, hab geweint...
Irgendwann begriff ich, du konntest nicht
mein Schicksal sein.

Manchmal ist man vor lauter Liebe blind.
Merkt nicht, welche Macht der andere über
einen gewinnt.
Man merkt nicht, dass es der Teufel ist,
der zu tanzen beginnt.
Es ist als, wenn man seine Seele
verschenkt, weil man liebt und an nichts
böses denkt.

Ich war dem Himmel so nah
und habe die Hölle gesehen.
Habe der Wahrheit ins Gesicht geschaut
und konnte es nicht verstehen.
Manche Sünden kann auch die Zeit nicht
heilen.
Weil es Erinnerungen gibt, welche ewig
bleiben!

Ich suchte nach Liebe
und fand nichts als Schmerz.
Ich suchte nach Antworten
und hörte mein Herz.
Ich wollte reden und lernte zu schweigen,
dabei wollte ich Dir nur meine Liebe
zeigen.

Wenn Hass die Liebe besiegt,
Ein Engel zum Teufel wird,
Wenn der Himmel brennt
und die Hölle gefriert,
das Herz verstummt, weil es die bittere
Wahrheit versteht.
Dann war dieses nicht der richtige Weg.

Ich begann dich zu hassen,
denn Du hattest so vieles zerstört.
Du hast mich hoffen lassen
und doch habe ich niemals zu dir gehört.
Ich habe dich gebraucht, Du hast mich ignoriert.
Mein Herz schrie nach Dir,
doch Du hast es nicht gehört.
Ich war blind vor Liebe, war naiv,
ich habe dich bedingungslos geliebt.

Es ist ein Spiel.
Ein Spiel ohne Regeln.
Nichts zu sagen, das Gefühl verschweigend.
Es wird schon irgendwann vergehen.
Doch er wird dir wieder in die Augen sehen.
Und wieder wird dein Herz schneller schlagen.
Vielleicht wird es zerbrechen aber du kannst es ihm einfach nicht sagen.
Still schweigend wirst du es ertragen, bist du nicht mehr schweigen kannst.
Denn dieses Spiel ohne Regeln wird Liebe genannt.

Ich würde kämpfen, wenn ich wüsste das es nicht vergebens ist.
Dir mein Herz schenken, wenn ich wüsste das du es nicht fallen lässt.
Mit dir lachen, wenn ich wüsste das du mich nicht weinen lässt.
Und das nur, weil du für mich etwas besonderes bist.

Wir wollten reden und lernten zu schweigen,
statt zu lieben begannen wir uns zu streiten.
Sag mir warum, was ist mit uns geschehen?
Sollen wir wirklich mit Hass im Herzen auseinander gehen?
Ist es wirklich an der Zeit Abschied zu nehmen?
Glaube mir, ich würde alles tun um dir meine Liebe zu zeigen.
Gib uns eine Chance, es dem Schicksal zu beweisen.

Ich habe dir vertraut,
weil du mir vertrautest.
Ich habe dir zu gehört,
weil du mir zu hörtest.
Eine Freundschaft die kein Ende kennt.
Nichts wird es geben,
was diese Verbindung jemals trennt.
Ich dachte es wäre von Dauer
und jetzt bist du weg.
Einfach weg als wärst du niemals
dagewesen.
Du hast das Band der Freundschaft
einfach zerrissen.

Zu viele Gedanken
hielten mich nächtelang wach.
Zu viel Schmerz
hat mir meine Liebe zu Dir gebracht.
Warum? Warum lässt du mich nicht
einfach gehen?
Du hast mir meine Hoffnung genommen,
meine Träume mit Lügen zerstört.
Ich hatte schon fast zu leben aufgehört.
Wie ein Fegefeuer hat Einsicht meine
Liebe ausgelöscht.
Doch du begreifst es bis heute nicht!

Ich werde nicht fragen, warum hast du mir so viel Leid angetan.
Ich werde nicht fragen, warum bist du ohne ein Wort gegangen.
Ich werde nicht fragen, warum mein Herz nur noch ein Scherbenhaufen ist.
Du bist ohne ein Wort gegangen, weil du ein Feigling bist!

Du kannst mir tausendmal sagen,
ich liebe dich,
ich kann es nicht glauben und es
interessiert mich nicht.
Du bist der, der
mir mein Herz zerrissen hat.
Bist der, der mir jegliche Hoffnung
genommen hat.
Nichts kann ich dir mehr glauben, es fiele
mir wahnsinnig schwer.
Geh aus meinem Leben uns verbindet nichts
mehr.

Ich habe gelernt zu schweigen.
Habe gelernt keine Gefühle mehr zu zeigen.
Du hast mit deiner Lüge aus mir gemacht,
was ich jetzt bin.
Glaube mir, wenn ich dir sage,
es hat keinen Sinn.
Du hast nie meine Tränen gesehen,
wolltest mich niemals verstehen.
Was suchte ich in deinem Leben?
Du hast mir nichts, nichts
hast du mir gegeben.
Hast mit meinen Träumen ein Luftschloss
gebaut und zu spät wurde es mir klar.
Das deine Liebe eine einzige Lüge war!

Und ganz plötzlich war da nichts.
Nichts mehr da, nichts
wo einmal Gefühle waren.
So oft verletzt, dass ich begann
zu hassen.
Und der, der mich liebte,
wurde von mir verlassen.
Nichts fühle ich, wenn ich daran denk,
wie viel Liebe hat er mir geschenkt.
Es kam so unerwartet und plötzlich ein
Gefühl im Herz.
So unfassbar schnell ein Gedanke, der
mich selbst nicht einmal schmerzt.
Ich lernte mein Leben und meine Freiheit
zu lieben.
Und dann kamst du, mit deiner unendlichen
Liebe in mein Leben.

Ist es Hass was ich empfinde?
Ist es Wut und Enttäuschung,
welche ich fühle?
Du bist einfach so gegangen und kommst
genau so plötzlich zurück.
Du hast mich im Stich gelassen und tust
so als wenn nichts gewesen ist?
Du kamst zurück um im selben Augenblick
wieder zu gehen.
Wie bitte sollte ich dass verstehen?
Du willst gehen, dann geh und komm nie
mehr zurück.
Genieße deine Freiheit, du brauchst mich
nicht!

Ich kann nicht mehr in deine Augen sehen,
dein Anblick macht mich blind.
Meine Erinnerungen an dich, nur noch
schmerzlich sind.
Du hast mir meine Träume, hast mir meine
Hoffnung genommen.
Hast meinen Glauben an die Liebe zerstört.
Nie war ich dein, hab niemals dir gehört!
Lass mich los, lass mich gehen, gib mir
mein Leben zurück!
Auch wenn es mich schmerzt, weiß ich doch,
du liebst mich nicht!

Willst du das ich ewig leide?
Willst du das ich nie verzeihe?
Ist es dass was du willst?
Deine Rache an mir,
welche dein Gewissen stillt?
War ich so naiv zu glauben, das es
zwischen uns wahre Liebe gibt?
Nichts dergleichen, hat es je gegeben.
Nichts dergleichen, wird es jemals geben.
Geh, geh aus meinem Leben!

Ich hatte mein Lächeln verloren, du hat mir ein neues geschenkt.
Wenn ich in deiner Nähe bin, bin ich ein anderer Mensch.
Auch wenn meine Gefühle für dich, ein Geheimnis sind.
Unsere Freundschaft ist mir wichtig, denn wir verstehen uns blind.

Deine warme Haut, deine Nähe, ich wünschte
es würde einfacher sein.
Meine Gefühle fahren Karussell, doch nie
werden wir mehr wie Freunde sein.
Meine Sehnsucht, ein Gedanke,
ich spüre es noch immer.
So nah warst du mir noch nie.
Doch du hast keine Ahnung, was ich in
deiner Nähe fühl.

Ich habe nicht gesagt das ich dich liebe.
Habe nur gesagt, dass ich dich mag.
Kein Versprechen hab ich dir gegeben, weil ich dass nie wieder mach.
Kein Gespräch gab es, dass mich inspirierte.
Nichts gab es, was dich interessierte.
Ich mag dich und das ist keine Lüge, doch es ist keine Liebe!

Liebend gern würde ich dich in meine Arme nehmen.
Doch du wärst der, den ich nicht halten kann.
Liebend gern würde ich dir sagen, das dass Leben weiter geht.
Doch du wärst der, der mich nicht versteht.
Liebend gern würde ich dir sagen, mach dir keine Sorgen, ich hab dich lieb.
Doch du bist der, der mich nicht liebt!

Da stehst du nun, der Kopf ist leer, du
bist allein.
Keiner sieht deine Tränen und alles war, ist
Vergangenheit.
Alle reden, doch kaum einer weiß, wie du
dich fühlst.
Die Erinnerungen, werden dich zerreißen,
der Schmerz sitzt so tief.
Und du fragst dich nach dem Warum,
während alles an dir vorüber zieht.

Dein Lächeln erfror, nachdem der Stern
der Liebe zu Staub zerfallen ist.
Alles ist sinnlos geworden und du fühlst
dich wie ausgelöscht.
So ist nur der Engel hin, der dich lächeln
lässt?
Es gibt Dinge im Leben die ändern sich
und manche ändern sich scheinbar nie.
Du merkst wie du fällst, im Kopf herrscht
Krieg.
Der Schmerz ist der, der dich besiegt.

Schau nicht zurück.
Frag dich nicht ob es richtig war,
denjenigen zu verlassen, der dich zum
weinen brachte.
Frag dich nicht ob es ein Fehler war von
dem zu gehen, der deine Gefühle missachtete.
Schau nach vorn und nicht zurück.
Irgendwann wird es jemanden geben, der
dich wieder lächeln lässt.

Ich weiß nicht, was du denkst oder was du fühlst, doch meine Gedanken sind bei dir.
Und so schreibe ich diese
auf ein Blatt Papier.
Ich kann nicht vergessen, keinen einzigen Augenblick und ich wünschte jeder einzelne der Momente käme noch einmal zurück.
Ich weiß nicht was du denkst oder was du fühlst, ich weiß nur das du mir fehlst.

Soll ich gehen, weil du meinst mich mit
Schweigen strafen zu müssen?
Soll ich gehen, weil ich dachte die
Wahrheit wäre besser als dich zu belügen?
Soll ich gehen oder bleiben?
Ist es nicht besser darüber zu reden statt
zu schweigen?
Ich liebe dich nicht und es tut mir leid, das
du dich hintergangen fühlst.
Doch ich dachte es wäre besser die
Wahrheit zu sagen als etwas vorzugeben
was nicht so ist.

Es gibt Sätze, die sollte mancher besser verschweigen.
Es gibt Momente, da sollte man besser keine Gefühle zeigen.
Es gibt Augenblicke, in denen wirst du einfach nur weinen.
Und es gibt die Erkenntnis, an der du solltest niemals zweifeln.

Du bist die Tränen nicht wert und doch vergieße ich sie.
Vieles was du sagtest, klingt im nach hinein wie bittere Ironie.
Du zerreißt mir das Herz ohne es zu wissen um es im selben Augenblick mit einem Pflaster wieder zu flicken.
Warum bist du zurück gekommen? Warum bist du nicht weg geblieben?
Eher reiße ich mir mein Herz selbst heraus als es noch einmal an dich zu verlieren!

Ich gab dir nicht mein Herz, damit du es mit Füßen trittst.
Ich schenkte dir nicht mein Vertrauen, damit du mich hintergehst.
Ich liebte dich nicht um dich eines Tages hassen zu müssen.
Und doch ist es nichts als die Wahrheit in einer Welt voller Lügen.
Man muss durch die Hölle gehen um das Paradies zu erleben.

Du willst schreien, doch es geht nicht, weil deine Stimme versagt.
Du willst leben, doch es geht nicht, weil du dir selbst Steine in den Weg gelegt hast.
Du willst etwas schaffen, doch es geht nicht, weil du irgendwann den falschen Weg gewählt hast.
Du willst kämpfen, doch es geht nicht, weil der Mut dich verlassen hat.
Du hast Träume, du hast Ziele, doch du erreichst sie nicht.
Weil dich das Leben jeden Tag aufs neue fickt.

Du hast nie meine Tränen gesehen und wirst sie auch nie sehen.
Du würdest sie wahrscheinlich, noch nicht einmal verstehen.
Mein Herz klopft und ich weiß dass es nicht die Liebe ist, vor der es fast zerspringt.
Es ist nur noch der Schmerz der es zum rasen bringt.

Ich will dich nicht lieben und doch ist mein Herz längst bei dir.
Ich will dich nicht vermissen und doch sind meine Gedanken, weit weg von hier.
Ich will es nicht und kann doch, so sehr ich mich auch wehre, nichts dagegen tun.
Denn mein Herz wird so lang alles ungewiss ist, nicht ruhn.

Ich schreibe über mich.
Schreibe über dass, was ich denke, was ich fühle.
Doch mancher Gedanke kommt mir vor, als kämpfte ich mit einer Windmühle.
So sinnlos. Ich weiß nicht, warum ich diesen Kampf überhaupt auf mich nahm.
Es gibt keine Hoffnung, denn gewinnen kann ich diesen Kampf nicht.
Stattdessen werde ich einmal mehr spüren, wie mein Herz Stück für Stück auseinander bricht.

Irgendwann hört man auf zu warten.
Man resigniert und versucht zu vergessen.
Aber das vergessen, dauert seine Zeit.
Und für den, der liebt, kommt es so vor als wäre es eine Ewigkeit.
Denn es wird immer etwas geben, was ihn erinnert, an die Vergangenheit.

Eindrucksvoll hast du mir oft genug klar gemacht dass du mich nicht liebst.
Auch wenn manches Wort das du mal sagtest, diesbezüglich keinen Sinn ergibt.
Ich weiß nicht einmal mehr was Wahr und was Lüge ist.
Doch wenn du mich irgendwann ansiehst und mein Blick an dir vorbei ins Leere geht.
Du mich berührst und Ablehnung meine Antwort ist.
Dann hast du erreicht dass du mir egal geworden bist.

Es gibt Dinge im Leben, die sind so
unwesentlich, wie das Licht im Dunkeln,
das man dir verspricht.
Es gibt Augenblicke im Leben, da erkennst
du erst im Nachhinein, das wahre Gesicht.
Du kannst in einem Moment glücklich sein
und im nächsten reißt es dir den Boden
unter den Füßen weg.
Letztendlich ist es die Erkenntnis, welche
sich aus der Erfahrung ergibt.

Es gibt Freunde, bei denen braucht man keine Feinde mehr.
Wenn du dich rechtfertigst nur um die heile Welt eurer Freundschaft nicht zu zerstören, hast du längst verloren.
Wer jedem gesagtem Wort ein weiteres hinzufügt und daraus einen Spielball formt, trifft damit immer denjenigen der es nur ehrlich meint.
Ein Freund der nie das Glück mit dir teilt und nur seinen Vorteil sieht, ist es nicht wert, dein Freund zu sein!

Da wo der Anstand der Selbstverständlichkeit weicht hat der Egoismus sein Ziel erreicht.
Da wo der Anstand der Selbstverständlichkeit gewichen ist, kannst du alles erwarten nur keinen Respekt!
Anstand zu besitzen macht dich nicht reich aber am wenigsten erreichst du mit Respektlosigkeit!

Zu schnell hab ich mich an dich gewöhnt.
Zu schnell hab ich mich in dich verliebt.
Auf der Überholspur zu leben,
geht immer schief!
Doch selbst wenn ich stehen bleiben würde,
ändert es nichts.
Mein Herz ist bei dir ob du willst oder
nicht.

Längst musste ich mir eingestehen, das mein
Herz die Wahrheit spricht.
Doch was deines sagt
weiß ich noch immer nicht.
Vieles spricht dafür und wenig dagegen.
Doch reicht das wenige aus um das
Gegenteil zu denken.

Die Tränen der Nacht verschwanden mit dem Morgengrauen.
Doch weiß ich dass sie wieder kommen.
Vielleicht trocknen die Tränen mit der Zeit, vielleicht lässt der Schmerz nach, irgendwann.
Jeder Abschied ist wie Sterben auf Raten. Jeder Tag ohne dich, der Weltuntergang.

Ich kann so tun, als wäre nie etwas
gewesen.
Ich kann so tun, als würde ich nichts für
dich empfinden.
Ich kann so tun, als wärst du niemals da
gewesen.
Doch all das wäre gelogen, denn du hast
mein Herz mitgenommen.

Sage immer was du fühlst, sage immer was du denkst.
Du bist einzigartig, es gibt nichts und niemanden der dich ersetzen kann.
Lass dich von deinen Gefühlen leiten, höre auf dein Herz und nicht auf dass was andere denken.

Ich seh dich an, versuche zu verstehen.
Doch es gelingt mir nicht, weil du für mich
ein Rätsel bist.
Du kannst in meinen Augen lesen wie in
einem offenen Buch.
Versuche ich in deinen zu lesen, bleibt es
bei dem Versuch.
Und jetzt sag mal einem Herz, dass es den,
den es liebt, nicht lieben soll.
Es wird nicht auf dich hören. Ein Blick
kann mehr sagen als tausend Worte und
doch kann man schweigend so viel zerstören.

Das Schicksal ist kein Zufall und doch kann des Zufalls Begegnung des Schicksals Wille sein!

Wenn ich gewusst hätte, wie schwer es ist deine Hand los zu lassen, hätte ich sie berührt.
Wenn ich gewusst hätte wie weh es tut dich zu vermissen, hätt ich mich nie in dich verliebt.
Aber genau dieses konnte ich nicht verhindern, weil für Gefühle keinen Schalter gibt.

Schritt für Schritt,
so nah und doch noch zu weit weg.
Schritt für Schritt,
immer nach vorn und niemals zurück.
Schritt für Schritt,
nichts und niemand hält mich auf.
Schritt für Schritt,
nimmt alles seinen Lauf.
Schritt für Schritt, erkenne ich,
was du für mich bist und
Schritt für Schritt
machst du mich verrückt.
Schritt für Schritt, geh ich dir entgegen.
Schritt für Schritt, niemals daran denkend
aufzugeben!

Allein mit meinen Gedanken, es tut weh. Du bist gegangen ohne mich noch einmal anzusehen. Und ich weiß noch nicht einmal warum. Allein mit meinen Gedanken, mein Herz spricht doch meine Stimme bleibt stumm.

Du weißt genau, was ich empfinde, du weißt genau wie ich bin. Du weißt was ich denke aber das macht für mich gerade keinen Sinn. Die Ungewissheit quält mich, wo führt mich all das hin? Allein mit meinen Gedanken, sie drehen sich nur um dich. Du weißt alles, ich weiß nichts!

Sieh dem Teufel in die Augen, es ist dein Verderben.
Berühre ihn, es ist der Beginn deines Untergangs.
Verlierst du auch noch dein Herz an ihn, kämpfst du den Rest deines Lebens gegen etwas was du nicht gewinnen kannst.

Sieh mir nur noch einmal in die Augen,
bevor du für immer gehst.
Sieh mir in die Augen und sag mir dass du
mich nicht liebst.
Sieh in meine Augen und sag mir dass du
mich vergessen wirst.
Sieh mir ein letztes mal in meine Augen
und sag mir dass das die Wahrheit ist!

Du wirst mit Sorten verletzt.
Lässt es zu das man dir dein Herz zerfetzt.
Und dennoch bleibst du stehen, obwohl dein Verstand dir sagt, beende es!

Wenn du die Wahrheit erkennst und dennoch stur in die falsche Richtung rennst.
Bist du der erste der den berühmten letzten Schritt über den Abgrund hinaus nimmt.

Du zeigst Stärke, doch du bist schwach.
Du willst es nicht und tust es doch.
Du kämpfst dagegen, doch du verlierst diesen Kampf.
Gegen Windmühlen zu kämpfen ist so ratsam als streutest du in der Wüste Sand!

...und dann kamst du!!!
Nach meiner letzten Beziehung hatte ich die Schnauze voll.
Für mich war es klar: es wird keine neue Liebe mehr geben.
Zu oft enttäuscht. Zu oft verletzt worden.
Dann lernte ich DICH kennen.
Ganz langsam. Ganz vorsichtig.
Du warst so beeindruckend.
Hast mir so sehr imponiert mit deiner sozialen Intelligenz.
Hast mich so umgehauen mit deiner Art zu denken, zu fühlen.
Tag für Tag hast du mich erobert ohne es zu wollen.
Ich begann dich zu mögen. Dich sehr gern zu haben.
Dich lieb zu haben. Mich in dich zu verlieben.

Noch mehr für dich zu empfinden. Dich zu lieben.
Dich sooo sehr zu lieben. Dich über alles zu lieben.
Und du erwiderst alles.
Gibst mir jeden einzelnen Tag mehr als ich je zu hoffen gewagt habe.
Zeigst mir die Herrlichkeit der Liebe.
Immer wieder. Alle paar Minuten.
Ich habe Tränen in den Augen, wenn ich jetzt schreibe:
Du bist das beste, was mir je passiert ist !!!

Die Vergangenheit bereue ich nicht. Was ich zutiefst bereue ist die kostbare Zeit, die ich an Menschen verschwendet habe, die bewiesen haben, dass sie keine Sekunde davon wert waren.

Menschen lügen, betrügen und fallen dir in den Rücken.
Es gibt Menschen, die dich nur benutzen und dich nicht lieben.
Auch wenn sie sagen, dass sie es tun.
Aber du darfst nicht zulassen, dass sie der Grund sind, warum du aufhörst dein Leben zu mögen. Denn es gibt Menschen da draußen, die dich wirklich lieben und alles dafür tun würden, dass du nicht verletzt wirst.
Deine Aufgabe ist es, diese Menschen zu finden und Sie für immer in deinem Leben zu behalten!

Manchmal dürfen wir die ERFAHRUNG machen, dass wir nicht nur Menschen lieben, sondern das wir Liebe sind.
Dann erfahren wir die Liebe wie eine Kraft, wie eine Quelle.
Sie strömt in uns ohne zu versiegen und zeigt uns das wir alle EINS sind.

Ich habe Bilder im Kopf, die ich nie sehen
wollte, Worte im Ohr die ich nie hören
wollte und Gedanken gedacht
von den ich niemals dachte das ich sie
jemals denken würde.
Du säst falsches Vertrauen, zeigst ein
falsches Gesicht. Alle fallen darauf rein,
keiner weiß wie und wer du wirklich bist.
Doch es wird der Tag kommen an dem man
ihnen den Schleier von den Augen wischt
und sie werden erkennen das mein Wort
nichts als die Wahrheit ist.

Wenn ein Kopf Mensch und ein Gefühlsmensch zueinander finden, wird sich meistens der Kopf Mensch "durchsetzen«.
Er hat logische und realistische nachvollziehbare Argumente.
Aber er wird nie richtig verstehen, dass es in der Nähe eines Herz Menschen eine Wärme gibt, die er mit seinem Kopf niemals erreichen wird...!

In einer Freundschaft ist es nie verkehrt,
wenn sich geben und nehmen die Waage
hält.
Denn während der eine immer nur gibt und
der andere immer nur nimmt, ist dieses eine
Zweckfreundschaft ohne jeglichen Sinn.

Ganz heimlich, still und leise, tief im Dunkel der Nacht,
versinke ich im Rausch der Gefühle, was hast du mit mir gemacht?
Hast mich in deinen Bann gezogen, mit deinen wundervollen Augen.
Hast mich verzaubert mit deiner Art.
Lass den Zauber nicht vergehen, denn er ist dass was dich so besonders macht.

Es gibt Momente wie diese, in denen ich
dich schwer vermiss.
Es sind die Momente, welche ich verfluche,
weil ich genau in diesen merke,
wie schmerzlich doch die Liebe ist.
Ich versuche so oft nicht an dich zu
denken. Versuche so oft meine Gedanken in
eine andere Richtung zu lenken.
Doch all das kann doch nur in einer
Sackgasse enden.

Oft ist die Wahrheit verletzend und ernüchternd.
Sie zu verstehen kommt der Erkenntnis gleich.
Du kannst deine Augen vor ihr verschließen, doch die Realität holt dich gnadenlos ein!

Ich stand an einem Abgrund und machte kehrt.
Hab die Richtung geändert und ahnte nicht, genau das ist verkehrt. Die Zeit hat mich zum Einzelkämpfer gemacht.
Tage, wochenlang hab ich darüber nachgedacht.
Nicht geglaubt das handeln ein Fehler ist. Doch ob Fehler oder nicht, für all das was ich tat, verurteilt man mich. Vergessen? Perfektion gibt es nicht.

Ich weine nicht und wenn dann aus Wut.
Du verurteilst mich aus heiterem Himmel,
zauberst gemachte Fehler aus dem Hut.
Plötzlich bin ich nicht mehr die, die du
brauchst. Dir ist egal ob ich weine oder
nicht,
doch du bist die, die verzweifelt ist.
Läufst davon, verurteilst mich.
Verurteilst mich für meine Fehler, welche du
mir irgendwann verziehen hast und hoffst
das ich zeitgleich die Mauer nieder reiß,
dessen Architekt du selber bist.

Nachdenken, ein gequältes Lächeln auf dem Gesicht.
Sieh in meine Augen, du siehst es nicht.
Meine Augen haben mit der Zeit den Glanz verloren.
In meinem Herzen ist es dunkel geworden.
Lange habe ich geträumt von einer Zukunft zu zweit.
Lange geträumt und mich selbst belogen, wir waren selten eins.

Und dann stand ich vor dir, sah in dein
Gesicht, sah deine Tränen, doch es
interessierte mich nicht.
Ich hörte deine Worte, Versprechen, hörte
dein Betteln, dein Flehen.
Blanke Verzweiflung, doch wofür sollte ich
dir noch eine Chance geben?
Es wird sich nie etwas ändern, so lang
Einsicht ein Fremdwort für dich ist.

Es ist vorbei! Deine leeren Worte platzten wie Seifenblasen.
Ein Kartenhaus, ein Luftschloss, eine Sandburg,
was hast du nicht alles mit deinen Worten gebaut.
Doch irgendwann zogen die ersten Stürme auf und zusammen fiel das Kartenhaus.
Das glänzende Luftschloss löste sich auf.
Die Sandburg vom Winde verweht.
Unweigerlich und gnadenlos zog die Wahrheit gleich der Realität.

Es wird nie enden, wenn du es nicht beendest.
Die, die sagten, es wird nicht besser nur schlimmer, hatten Recht. Du sahst nicht wie du mich wieder und wieder verletzt.
Du hast nicht einmal gemerkt, das du mir egal geworden bist.
Hast nicht gemerkt, wie du Wort für Wort, mein Herz zerfetzt.
Es war ein leichtes Spiel für dich, doch du hast nicht gemerkt, das du der Verlierer bist.

Zwischen motiviert und deprimiert, zwischen hoffen und bangen, zwischen leben und sterben.
Zwischen alledem stehen wir.
Auf der einen Seite du, auf der anderen Seite ich und zwischen uns eine Mauer die unüberwindbar ist.
Existieren statt Leben, hassen statt lieben.
Jahrelang für etwas gekämpft, nichts ist geblieben.
Ich lese in meinen Erinnerungen, blätter darin wie in einem Buch. Du hast Spuren hinterlassen, Narben gibt es genug.
Die bittere Wahrheit, Ruinen des Lebens.
Hab dich los gelassen und ging um Berge zu verschieben.

In dem Moment in dem wir uns verlieben,
werden wir gesteuert von Gefühlen.
Das Herz manipuliert den Verstand.
Die Liebe lässt uns Luftschlösser bauen
mit Mauern aus blinden Vertrauen stehend
auf Sand.

Das mit dir, war eine Achterbahnfahrt, ich wurde zum Geisterfahrer. Mein Leben ein Scherbenhaufen doch ich laufe weiter, so weit meine Füße mich tragen.
Ich laufe und Fall über Scherben, steh auf und werde doch irgendwann mit meiner Liebe zu dir und Tränen in den Augen sterben.
Ich versuche zu vergessen, du hast mich zerrissen, hast mich von dir weg getrieben.
Ein Au Revoir wäre eine Lüge.
Geisterfahrer sterben irgendwann wie Engel ohne Flügel.

Will ich es wissen? Will ich wissen ob du mich liebst?
Will ich wissen ob du mich jemals geliebt hast?
Was würde es ändern? Wahrscheinlich nichts.
Ich würde es dir nicht ein mal glauben.
Denn ich bin an meiner Liebe zu dir zerbrochen.
Deine Lügen, deine Tränen, wann hast du jemals die Wahrheit gesprochen?

Danksagung,
ich danke meinen Freunden und meiner Familie (insbesondere meinen Kindern) für die moralische Unterstützung sowie ihrer Geduld bei der Umsetzung der Idee, meine Werke zu veröffentlichen!

Texte und Zeichnungen/Cover:
Xandra Hejl
Texte:
Lisa Hejl 177 - 181
Herstellung und Verlag:
BoD - Books on Demand, Norderstedt
ISBN 97 8373 4/775154